AF247122

+ Y. 5092

LA
IERVSALEM
DESOLEE,

OV

MEDITATION SVR LES LECONS DE TENEBRES.

Par *CHARLES COTIN.*

Auec quelques autres Pieces.

DEDIE' A MONSEIGNEVR
l'Eminentißime Cardinal Bichi.

A PARIS,

Chez FRANCOIS TARGA, au premier
pillier de la grand' Salle du Palais, deuant la
Chappelle au Soleil d'or.

M. DC. XXXIV.
Auec Priuilege du Roy.

A
MONSEIGNEVR
L'EMINENTISSIME
CARDINAL BICHI.

Onseigneur Eminentißime,

Ceux qui ne se conduisent, que par les sens s'arrestent à la magnifi- cence exterieure , & n'estiment rien des grands, que l'eclat qui les enuiron- ne. Mais ils ne considerent pas qu'il est arriué souuent que leur haute condi- tion n'a seruy qu'à rendre leurs defaux

ã ij

lus remarquables. Il n'en est pas ainsi
de VOSTRE EMINENCE
dont la Promotion aux honneurs qui
aprochent fort des souuerains est parti-
culierement respectée parceque c'est vn
hommage que la fortune rend à Vostre
vertu, & vne glorieuse rescōpense des belles actiōs de vostre vie. Rome en à esté le
premier tesmoin: Et le Royaume de Na-
ples n'a-il pas veu depuis auec admira-
tion que par Vostre prudente conduitte
Vous surpassiez infiniment tout ce que
l'on pouuoit attendre de Vous en vn âge,
auquel il y a si peu d'esprits qui soient ca-
pables des grandes choses ? Dans vne sai-
son pleine de troubles & d'orages, l'Arbitre de la paix de l'Eglise ne vous à-il pas
fait luire parmy nous comme vn astre de
bonne influence ? n'auez vous pas encore la gloire d'estre parfaitement estimé
de cet incomparable Cardinal, que la
France peut opposer aujourd'huy à tous

les

les Heros des siecles passez ? apres vne si
haute, & si illustre approbation, apres
les publics aplaudissements, & tant de
glorieux emplois, sans doute MON-
SEIGNEVR EMINENTISSIME,
que sa Saincteté eust creu ne vous pas
donner tout ce que vostre merite &
la memoire mesme du grand Cardinal de
Sienne vostre Oncle sembloient demã-
der pour vous: Si elle ne vous eust reuê-
stu de cette pourpre qui n'est pas moins
venerable aux Chrestiens que les diadef-
mes des Roys. Ie pourrois faire vn Pane-
gyrique d'vne vie si pleine de merueille
que la vostre, si ie ne sçauois que vous
n'aymez pas tãt d'ouïr vos loüanges, que
de faire des actions louables. Ie finiray
donc, MONSEIGNEVR EMINEN-
TISSIME, apres vous auoir demandé
cette grace qu'il vous plaise de voir de
bon œil quelque Vers de Pieté que ie
vous presente, & d'accueillir fauorable-
ē

nent la deplorable Sion qui vient maintenant chercher aupres de vous l'azile
qu'autrefois elle n'a peu treuuer dans son
Temple. Ainsi puissiez vous éclatter dans
la Hierusalem de la terre comme vn So-
eil destiné a la conduitte des Nations: &
pres vne longue & heureuse suitte d'années, iouyr dans la Hierusalem des Cieux,
les biens immortels, que Dieu prepare à
ceux qu'il ayme, & que souhaite à vostre
Eminence,

MONSEIGNEVR EMINENTISSIME.

Vostre tres-humble & tres.
obeyssant seruiteur.

COTIN.

PREFACE·

E n'eſt pas ſeullement de noſtre ſiecle, que
la memoire des Sainſts eſt pretieuſe à l'E-
gliſe , & qu'elle conſacre le iour de leur
mort; ſoit qu'elle ayt receu cette inſpira-
tion de l'eſprit qui la conduit afin de monſtrer que
nous ne mourons pas tous entiers, & qu'il y a quelque partie qui n'entre pas auec nous dans le ſepul-
chre : ſoit qu'elle teſmoigne ainſi la douleur de la
mort des Princes qui l'ont gouuernée, ou des grands
Capitaines qui l'ont defenduë. Les montagnes n'ont Num.
elles pas autrefois retenty des gemiſſements du peuple Iuif aſſemblé pour plorer Aaron ? Tout Iſraël ne Deu. 3
pleignit il pas trente iournées le treſpas de ſon diuin
Legiſlateur ? La fille de Iephte qui fut vne innocente Iud. 1
victime immolée à la fortune de ſon pays , n'obligeat
elle pas la poſterité à lamenter quatre iours ſon infortune ? Le temps de la victoire de Iudith fut il point Iudith.
mis au rang des Feſtes publiques, & toute ſa nation ne
pleura elle pas la mort d'vne Dame ſi genereuſe ? Ioſ. an
Diray-ie ce que Ioſephe & ſainct Hieroſme ont eſti- Io. d. H
Pſ. in·

par. 35.

mé tres-veritable que Hieremie soubs le nom de Ierusalem, deplore le Roy Iosias. Ce grand Prince, dit
l'Histoire Saincte, receut vne blessure mortelle des
Egiptiens, Hieremie lamanta son malheur, & les vers
qu'il escriuit sur vn si funeste accident, sont recitez
encore auiourd'huy par les Chantres & les Musicien-
nes. Ces choses sont escrites aux lamentations du Prophete. Nous pouuons adiouter que Iosias est l'image de Iesus-Christ, puisque selon la doctrine du grand

Cor. 10.

Apostre, tout arriuoit en figure aux Antiens. L'Eglise
à qui le sainct Esprit à decouuert l'or caché dans la Mi-
niere, & le sens Mystique de la lettre, tesmoigne assés
l'auoir entendu de la sorte, alors qu'elle fait les mes-
mes plaintes dessus la mort du Messie, que l'on à faites
antiennement dessus le tombeau de Iosias : Comme

4. Reg. 22.

si elle nous voulloit faire souuenir que si Iosias à re-
gné des son enfance; Iesus-Christ est né Roy des
Roys : que si Iosias ne s'est point d'estourné des voyes
du Seigneur, I. C. à constamment suiuy la volonté de
son pere : Si Iosias à desmoly les Temples des faux
Dieux ; Iesus-Christ à brisé leurs idoles : si Iosias à re-
stably la Loy, Iesus-Christ est la Loy mesme. Enfin ce

4. Reg. 23.

qui satisfit à l'esperance des Iustes, Iosias celebra la
Pasque auecque vne si grande solemnité, qu'il ny en
auoit point eu de semblable sous le regne des autres
Roys, il rendit les Sacrificateurs a leurs Sacrez ministe-
res, & santifia le temple. Iesus-Christ, acheuant la Pasque qu'il auoit tant desirée, au lieu d'vn Agneau, don-

na

na son corps & son sang à ses Disciples, & les consacra ses Prestres selon l'ordre de Melchisedec. Que peut on dire d'auantage? Iosias fut tué par les soldas du Roy d'Egipte, Egypte de tout temps image de l'Enfer, region de tenebres & de mort : I. C. fut liuré aux derniers toutments dans la Iudée, terre d'abomination & d'anatheme. C'est le perpetuel obiet des lamentations du Christianisme, en ces iours funebres ausquels en vne seulle personne, les enfans pleurent leurs pere, les suiets leurs Roy, & tous les hommes leur Dieu. C'est le pitoyable exercice de cette sepmaine, que la tristesse a sanctifiée. C'est le sujet de la desolation de l'Espouse qui ne se peut consoler de la perte de son Epoux. Certainement l'Eglise seroit plus dure que les rochers qui se fendirent autrefois, si elle ne faisoit ouyr ses regrets, sur vn si lamentable accident, qu'il a touché de compasion les choses les plus insensibles, & leur a imprimé vne certaine douleur dont il semble que leur condition n'estoit point capable. Les Chrestiens ne se peuuent taire apres que le Ciel & la terre ont crié si haut, & par les tremblements & les Eclyphes ont fait vne eternel reproche aux Nations de leur abominable perfidie. Ce desordre general de la nature, qui soufrit extraordinairement en la mort de son Antheur, semble auoir esté plusieurs siecles auparauant qu'il arriua, representé par la confusion de Ierusalem, dont les escripts de Hieremie laissent vne image bien sanglante. Comme il n'y a rien qui parle

Thr. 4.
Christus
Dominus
captus est
in pecatis
nostris.

tant que la douleur, ie ne m'eſtóne pas que ce Prophete ait auec des larmes de ſang lamenté la deſolation de ſa ville, ie croy meſme que ne trouuant pas les iours aſſez longs pour deplorer ſon infortune, il y adiouſta les nuicts; & que les inſtructions qu'il nous à laiſſées de la vanité des grandeurs du monde, ont pour cette raiſon eſté nommées Leçons de Tenebres. Cependant tel que ſoit le ſubiect des lamentations de Hieremie; ou la perte de Ioſias, ou la ruine de ſon Pays, où la mort de Ieſus-Chriſt meſme, que l'eſprit des Prophetes peut luy auoir monſtrée auſſi plaine de ſang & de larmes, que le Caluaire la veuë depuis; Sans doute nous ſommes obligez à ne luy pas denier la derniere conſolation des miſerables, qui eſt au moins de les oüyr plaindre.

Extraict du Priuilege du Roy.

PAr Priuilege du Roy donné à Paris le 1. iour d'Auril, l'an de grace 1634. Signé Chappellain & cellé. Il est permis à François Targa, marchant Libraire à Paris, d'imprimer ou faire imprimer & mettre en vente vn Liure intitulé, *La Ierusalem desolee, ou Meditation sur les Leçons de Tenebres*, mis en Vers François par maistre Charles Cotin, Faisant deffences à tous Imprimeurs & Libraires d'imprimer ou faire imprimer, vendre ny debiter ledit Liure, sans le consentement dudit Targa, durant le temps de six ans sur peine aux contreuenans de cinq cens liures d'amende de tous despens dommages & interets, & de confiscation desdits exemplaires, comme il est plus amplement contenu en l'original dudit Priuilege.

LA
IERVSALEM
DESOLEE.
Hieremie se plaint.

Nfortuné tesmoin des miseres pu-
bliques
Ie vois nos grands Palais & nos
amples portiques,
Par la flame & le fer en sepulchres changés,
Et le throne ou Iuda faisoit regner ses Princes,
Seruir de marchepied aux superbes prouinces,
Par qui l'ire du Ciel à nos crimes vangés.

A

Je recognois les maux qu'anonçoient mes oracles
Quand ie difois que Dieu feroit de grãds miracles,
Pluſtoſt que de fouffrir l'orgueil de nos faux dieux
Que leur temple feroit le but de fes tempeſtes,
Et que leur propre autel renuerſé fur leurs teſtes,
Feroit craindre aux mortels la iuſtice des Cieux.

Grande Ierufalem honneur de noſtre empire,
Tes foldats enchaifnés, & ton Roy qui foupire,
Sucombent fous le ioug du tiran que tu fers,
Ils font deux fois captifs en te laiſſant captiue,
Et ton fort inhumain, rend leur douleur fi viue,
Qu'ils trouuẽt leurs prifons moins dures quetes fers

Aux lions des foreſts tes portes font ouuertes,
Tes places ne font plus que des terres defertes,
Et l'herbe croiſt partout ou s'eſleuoient les tours,
Tes murs font demolis & leurs fameuſe enceinte,
Eſt vn fameux cercueil plein d'horreur et de crainte
Ou les morts ont faoulé la rage des vaultours.

❧

De tes viues clartés on ne voit plus que l'ombre
Ou sont tes citoyents dont l'esclat & le nombre
S'egalloient aux flabeaux qui brillent dãs les Cieux?
Les filles ont suiuy le trespas de leurs meres
Les enfans sont liez aux chaisnes de leurs peres,
Et l'effroy seulemen habite dans ces lieux.

❧

Comme vne tourterelle au bort d'vne fontaine
Qui semble murmurer de l'exceZ de sa peine,
Gemit pour son espoux que la mort à rauy:
Ainsi pleine d'ennuis en la fleur de son aage
Ne pouuant supporter son funeste veufuage,
Sion pleure son Roy par le sort asseruy.

❧

Deplorable accident dont ie ne me puis taire
Nostre Prince est captif, Sion est tributaire,
Sion riche de l'or & du tribut des Rois
Elle pert son empire auecques sa puissance,
Cette Reyne du monde est sous l'obeissance,
Et son septre est soubmis a de seueres loix.

A ij

Les ennuis les regrets & les inquietudes
Ont banny le repos des tristes solitudes,
Ou plustost que l'Aurore elle vers des pleurs;
Et ces fatalles eaux inondant ses ruines,
Font naistre au lieu de fleurs de sanglantes espines,
Qui de sa mort prochaine annoncent les douleurs.

Que si l'horible nuict se payoit de ses larmes
Et ne la troubloit point de songes ny d'alarmes,
Elle seroit heureuse en ses afflictions,
Encore que ses pleurs descoullent sur sa ioüe
Que du cœur affligé la fortune se ioüe,
Et que pour ses tirans elle ait ses passions.

Mais ce qui la tourmente en ces heures nocturnes
Ce sont les visions des ombres taciturnes
Et des phantosmes noirs que l'abyme produit,
Ils en portent les feux, ils en monstrent les peynes,
De masacre & de sang toutes leur mains sõt pleines
La frayeur les deuance & le malheur les suit.

En

En ces extremitez, ou rien ne la consolle
Elle est comme un rocher que la foudre desolle,
Et fait peur au passant qui le voit escrasé:
Il est saisi d'effroy, timide il se retire,
Par ce grand coup du Ciel il iuge de son ire,
Et n'ose voir le feu dont l'air est embrazé.

Ainsi les partisans de Solyme la saincte
Estonnés de ses maux en redoutent l'atteinte,
Et pour la secourir pas un n'ose approcher:
Cœurs esclaues du temps, amis troupe infidelle,
Sont ce la les serments que vous faisiez pour elle,
Quand sa bōne fortune aux Cieux sembloit toucher?

Vous iuriez par son throsne, & par son diadesme
De consacrer vos mains à sa gloire supresme,
Tant qu'un soufle de vie animeroit vos corps;
Vous preniez à tesmoin & le Ciel & ses Anges,
Que vos plus saincts discours seroiēt de ses louanges
Mais vous la mesprisez, & vous n'estes pas morts.

B

De l'iniuſte meſpris vous paſſés à la haine,
Et la ſacriffiant a voſtre ame inhumaine,
Vous plongez dans ſon ſein vos homicides dards,
Vos mains lancent le feu dans ſes grands edifices,
Vous iettez ſes enfans du haut des precipices,
Et faites regorger leur ſang de toutes parts.

L'oliue de la paix le laurier de la guerre
Iuda chery du Ciel eſt abatu par terre,
Et par ſa cheutte accroiſt l'orgueil des ennemis;
L'impie Aſſyrien le Chaldeen ſuperbe,
Foulent ſon chef ſacré comme ils foulent de l'herbe,
Et peſent qu'aux vainqueurs tout doit eſtre permis

Forcé d'abandonner l'illuſtre Paleſtine,
Centre de ſon repos, lieu de ſon origine,
Il va ſeruir d'eſclaue aux pays eſtrangers,
Iuda qui de regner auoit fait habitude,
Gemira pres d'vn ſiecle en cette ſeruitude,
Plus ſubiet qu'en la guerre à d'extremes dangers.

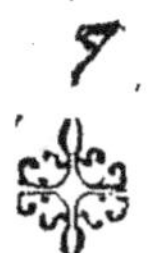

Quand la mere du iour & des plus belles choses
L'Aurore peint le Ciel de la couleur des roses,
Et se monstre pompeuse aux portes d'Orient,
La douleur d'Israël par les sanglots esclate,
Ses yeux versent des pleurs qui grosißёt l'Euphrate
Et son Maistre inhumain les regarde en riant.

Et quand l'humide nuict compagne du silence
Oste aux hõmes leurs soins, aux maux leur violense
On le voit consommé d'vn trauail sans repos;
O trop cruel destin! ô tristes auantures!
S'il demande en mourant la paix des sepultures,
L'infidelle tyran la refuse a ses os.

De ses persecuteurs il augmente l'enuie,
Qui ne peut estre assez de son sang assouuie,
Ils l'affligeoient viuant, ils le detestent mort,
Comme s'il rauissoit le prix de leur victoire
Les priuant de rançon & de l'infame gloire
De luy faire sentir vn plus cruel effort.

B ij

La vigne que l'on lie apres l'auoir coupée
Me fait reſouuenir des playes de l'eſpée,
Et des triſtes liens de la captiuité:
Et la greſle qui tombe auecque vn grand orage
Aux raiſeins deſia murs ne fait pas plus d'outrage
Que les Aſſyriens font à noſtre Cité.

Ce n'eſt pas ſeulement le fer impitoyable,
Qui preſente a nos yeux vne image effroyable,
De tout ce qui deuance & qui ſuit le treſpas:
La famine s'eſt iointe aux fureurs de la guerre,
Ce monſtre de l'enfer à deſolé la terre:
Et meſlé ſes horreurs auecque nos repas.

Cependant l'ennemy dans les plaiſirs ſe noyë,
De nos calamitez il fait toute ſa ioye,
Se plait a nos ſoupirs, & ſe rit de nos pleurs:
Il croit que ſes feſtins manqueroient de delices
S'il n'entendoient nos cris au milieu des ſupplices,
Que l'excés de la faim ioint aux autres douleurs.

Ainſi

Ainſi de toutes parts Sion eſt opprimée,
Des tragiques complots d'vne effroyable armée,
Qui luy fait reſentir ſes effects violents :
Qui s'abreuue de ſang, & ſe paiſt de carnage
Appelle a ſes conſeils l'inſolence & la rage,
Et met toute ſa gloire en ſes actes ſanglants.

Les torrens que Zephire enfle de ſes haleines,
Nont pas ſitoſt couuert nos vallons & nos plaines
Lors que du Mont Lyban ils ſont precipiteʒ :
Qu'autre fois les Tribus en familles fecondēs,
Viue image du flus & du reflus des ondes
Couuroient nos grands chemins en nos ſolemniteʒ.

Helas qu'en peu de temps noſtre ville eſt chāgée !
Ce n'eſt plus qu'vn deſert ou la peur s'eſt rangée,
Entre des monumens eternellement ſours,
Pas vn n'aſſiſte plus a ſes fameuſes feſtes,
Qui ſeruoient d'ornement a ſes grādes conqueſtes,
D'eſclat a ſa couronne, & de luſtre a ſes iours.

C

Ces beaux arcs de triōphe, ou pluftoft ces merueilles,
Ces chefd'œuures de l'art, ces Portes nompareilles
Que la victoire ornoit de fes riches prefens,
Du furieux vainqueur ont efprouué la foudre,
Qui fait de nos grād murs, de grands monceaux de
Et ne pardōne pas aux marbres innocens. [poudre,

Deffus les facreᴢ airs de nos Odes antiques,
Nos Preftres honnoroient le Seigneur de cantiques,
Au retour des combats de nos fameux guerriers,
Helas que ces beaux iours fon changeᴢ en tenebres!
Ils ne s'expriment plus que par des cris funebres,
Et les Cyprés ont pris la place des Lauriers.

L'or & les diamants dont nos filles parées
Ne fembloient fe monftrer que pour eftre adorées,
Ne les font plus regner au millieu de leurs biens:
De leur trofne de gloire on les a fait defcendre,
Leurs cheueux font couuerts de pouffiere et de cēdre
Et pour les entraifner ils feruent de liens.

L'esclat & la beauté de leurs yeux pleins de flames
Qui sçauoient si bien l'art de captiuer les ames,
N'ont peu rien obtenir du superbe vainqueur;
Ces chef d'œuures du Ciel, ces miracles visibles
Ont pour leurs ennemis des tirans inflexibles,
Dont leur grace & leur sexe augmētent la rigueur.

La fureur qui les pousse, iniuste & violente,
Par nos afflictions deuient plus insolente:
Il n'est rien de cruel qu'elle n'ayt entrepris:
Ces infames bourreaux de leurs ieunes années,
Sont rauis de les voirs au dueil abandonnées,
Et font de leurs beautez vn obiet de mespris.

En fin nos ennemis sont riches de nos pertes:
Leurs robes de rubies & de perles couuertes,
Estallent nos thresors à nos yeux languissants,
De l'or que nous portions elles sont estoffées,
Et de nostre despouille ils ont faict des trophées,
Dont le funeste aspect faict horreur à nos sens.

C ij

Que si nos fiers tirans ont laissé quelques restes,
Si leurs auares mains aux viuants si funestes,
Nont point assez rauy les despouilles des morts;
Vn feu descend du ciel, dont l'horible deluge,
N'espargne pas le temple & les lieux de refuge,
N'y des tombeaux sacrez les innocens thresors.

Helas? ce ne sont point les celestes rosées
Dont nos plaines estoient doucement arrosées
Quãd l'Aurore en naissãt les baignoit de ses pleurs,
Et quand à son leuer l'agreable Zephire
Temperoit nos chaleurs du soufle qu'il respire,
Nourrissoit nos moissons, & parfumoit nos fleurs.

Alors nostre bon-heur passoit nostre esperance,
De la faueur des Cieux nous auions assurance,
Leurs liberalitez esgaloient nos desirs:
L'abondance & la paix regnoient dedans nos villes
Nos campagnes estoient heureusement fertilles,
Et nous estions comblez de ioye & de plaisirs.
Maintenant

Maintenant exposez à des flames cruelles
Qui portent leurs ardeurs au fonds de nos moüelles
Nous sommes tourmentez d'vne horrible façon;
La nature en fremit de crainte & de tristesse,
En l'art de soupirer elle deuient maistresse,
Et prend de ses douleurs vne estrange leçon.

Le temple foudroyé, les Portes enfoncées,
Les Palais abatus, & les tours renuersées,
La cheute de nos murs l'vn sur l'autre entaßés,
Nos thresors enleués, nos richeßes rauies
Nos Princes mis aux fers, nos Dames aßeruies,
Monstrent de quelle main nous sommes terraßés.

Le Seigneur à parlé, Sion est abbatuë,
Sa redoutable voix comme vn foudre la tuë,
Et comme vn feu bruslant à ses os attaché,
Il luy boit tout le sang, il rauage ses veines,
Et pour la tourmenter de ses dernieres peines,
Il découure à ses yeux l'horreur de son peché.

D

Helas ! comme elle apprend la tragique science
Dont le demon vangeur instruit la conscience,
Que le Ciel abandonne aux peines de l'Enfer;
Les craintes, les frayeurs, les tortures, les gesnes
Les sanglants desespoirs trainēt de longues chaines
Dont le poids effroyable est prest de l'estoufer.

Pour la punition de ses grands sacrileges,
Il vient de reuoquer les fameux priuileges,
Que par toute la terrre elle auoit tant vantez,
Lors que par la grandeur qu'elle auoit obtenuë,
Elle portoit sa teste au dessus de la nuë,
Et se faisoit nommer la Reyne des Citez.

A lors les plus grands Roys se disoient ses Esclaues
Et les Princes de Tyr si pompeux & si braues
Tant qu'elle à sçeu regner ont adoré ses pas :
Mais depuis que du sort l'arrest irreuocable
La contrainct de gemir sous le faix qui l'accable,
Ils ont mis en oubly sa gloire & ses appas.

Ces simulachres vains, ces images de platre
Dont l'aueugle Sion se rendit idolatre
Apres vn l'ong trauail ont ce mal enfanté:
Elle irrita le Ciel, & sa bonté suprême
Qui ne peut supporter vne malice extrême,
Rend de son chatiment le monde espouuanté.

Elle à beau prier Dieu de se rendre propice,
Opposer sa clemence aux loix de sa iustice,
Monstrer ses ennemis de son nom triomphants,
Affin de l'afliger il mesprise sa gloire,
De ses peuples captifs il n'a point de memoire,
Et n'a point de pitié du ioug de ses enfans.

PRIERE DE
HIEREMIE
SVR LA
DESOLATION
DE IERVSALEM.

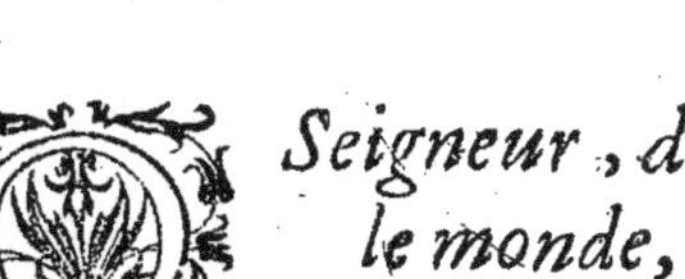

Seigneur, dont les yeux qui contemplent
le monde,
Ne sont pas des soleils qui se cachent sous
l'onde
Qui naissent chaque iour & meurent chaque nuict
Diuine Prouidence, arbitre de la terre,
Et dont les seuls regards font la paix ou la guerre.
Considere le mal que ta main à produit.

Dn

Du trhone ou tu conduis les affaires humaines
Regarde seulement la grandeur de nos peines
Et nostre affliction seule pareille à soy,
Si tu n'as oublié l'alliance eternelle,
Que fit auecque nous ta bonté paternelle
Tu dois auoir pitié de Sion & de moy.

Si tu veus faire vn coup digne de ta puissance
Choisis vne autre teste ou ta foudre s'elance,
Ce n'est plus contre nous qu'il te faut irriter ;
Nostre ville n'est plus insolente ny fiere,
Et son peuple couuert de sang, & de poussiere
Ne doit pas maintenant ton couroux meriter.

C'est contre Babilone ou ta main employée
Doibt acquerir l'honneur de l'auoir foudroyée,
Et semé dans les champs les cendres de son corps :
Ta gloire t'en coniure & ta iustice ordonne
Pour vanger les affrons que reçoit ta couronne,
Que tu faces tomber ses palais & ses forts.

E

O prodige du siecle ! ô detestable exemple
Son orgueilleux tyran est entré dans le Temple,
Il n'a point de respect de ton nom immortel,
Tes mysteres sacrez luy sont abominables,
Tes sainctes veritez luy paroissent des fables,
Il destruit les saincts lieux & prophane l'Autel.

Quand les Roys de Iuda cõsultoient nostre oracle
Quand le souuerain Prestre entroit au Tabernacle
Et s'aprochoit de l'Arche ou ta voix l'appelloit,
En inuoquant ton nom il craignoit ta presence,
Et n'osant s'asseurer sur son obeyssance
Ce n'estoit qu'en tremblant que sa bouche parloit.

Tes immenses clartez, tes splendeurs magnifiques
Esblouyssoient ses yeux de tenebres mystiques,
Et pour trop voir ta gloire il ne voyoit plus rien,
Ta Majesté suprême icy bas descenduë
Ou parmy les esclairs elle s'estoit renduë,
Estonnoit son Pontife en luy faisant du bien.

Comment donc souffres-tu que le peuple infidelle
Traicte Jerusalem ainsi qu'vne rebelle,
Dans ces lieux ou ta grace estoit nostre support,
Ne te souuient-il point de ta saincte deffence
Et pour vn chastiment egal a leur offence,
N'as-tu pas en tes mains le tonnerre & la mort?

Que leur impieté reçoiue son salaire,
Embraze les Seigneur du feu de ta cholere,
Enyure ton espée en leur sang espandu,
Que ton char de triomphe en pompe se promeine
Sur leurs corps escrasez au milieu de la plaine,
Et monstre que ton bras à ton nom deffendu.

Rends ta Ierusalem a ta grace obligée,
Affligeant l'ennemy qui la tant affligée
Que son peuple opprimé ne fait plus que gemir:
C'est encore la voix qui reste a sa misere
Pour implorer ton ayde & t'appeller son pere,
Au milieu des dangers ou tu nous vois blemir.

E ij

A toute heure troublés de nouuelles allarmes
Tout ce que nous pouuõs c'est de verser des larmes,
Et de monstrer nos yeux en torrens conuertis:
Nous lamentons le iour la grandeur de nos pertes,
Nous souspirons la nuict dans nos villes desertes
Et nos tristes regrets ne sont point diuertis.

O Dieu si ta rigueur n'est point inexorable
Quand esce que ta main nous sera fauorable,
Et vangera les maux que nous auons soufferts?
Quand verõs nous le temple en sa beauté premiere
Aux celestes Palais esgaler sa lumiere,
Enrichy des presens qui te seront offerts.

Sacré don de predire, ô sçauoir Prophetique
Des Esleus du Seigneur le priuilege antique,
A qui rien n'est couuert, à qui tout se fait voir,
Si comme ie le croy ce bon heur nous arriue
Et si Ierusalem cesse d'estre captiue,
Tu ne parleras plus que du diuin pouuoir.

Tu

Tu publiras que Dieu monarque de la terre,
Lance comme il luy plaist ou retient le tonnerre,
Qu'il sçait l'art de blesser, & celuy de guerir :
Et que de ses conseils la sagesse profonde,
Qui met entre ses mains la fortune du monde,
Peut sauuer les mortels ou les faire perir.

F

HYMNE

A LA
DIVINITÉ

E suis à couuert de l'orage,
Qui s'esleuoit de tous costez,
Le Ciel à repoußé l'outrage
Des flots & des vents irritez:
Il prend le soin de me conduire
Pour les empescher de me nuire:
Et i'espreuue que son effort
Me tire du naufrage au port.

Le Seigneur touché de mes larmes,
M'a defcouuert par fes bontez,
Combien nous déçoiuent les charmes
Dont fe parent les voluptez :
Enfin i'ay cognu l'artifice,
Dont elles couurent leurs malice :
Le monde n'eft plus mon vainqueur,
Et Dieu feul eft Roy de mon cœur.

Tout cet appareil de menfonge
Dont nous fuprend la vanité,
N'eft que l'apparence d'vn fonge,
Qui retient l'efprit enchanté,
Sa gloire la plus renommée
N'eft que l'ombre d'vne fumée,
Et qui fuit cet objet trompeur
Suit l'image d'vne vapeur.

L'vn dans la dignité supreme,
Ne peut assouuir ses ardeurs,
Et se plaint qu'vn seul diademe
Serue de borne à ses grandeurs:
L'autre ialoux de sa memoire
Veut immortaliser sa gloire
Dans ces lieux ou regne la mort,
Et vaincre la rigueur du sort.

L'vn se laisse emporter aux vices,
Et prefere la terre aux Cieux:
Ne se plaist que dans les delices,
Et n'adioute foy qu'à ses yeux.
L'autre épris de son beau visage
S'en forme incessament l'image,
Et seul de soy mesme enflamé
Il est & l'amant & l'aymé.

L'vn

L'vn sans auoir peur de la foudre
Dont le canon frappe vn guerrier,
Cherche dans le sang & la poudre
Vne courronne de laurier :
Et l'autre malgré la tempeste
Que le Ciel prepare a sa teste,
S'expose au milieu du danger
Pour voir vn pays estranger.

Maismoy qu'vn plus beau soin agite
Ie me ris de ces passions :
Mon courage me solicite
A de plus nobles actions :
Dieu seul tient mon ame rauie,
C'est l'vnique bien de ma vie,
Et loin de l'erreur des mortels
Ie l'adore aux pieds des Autels.

G

C'est en ces lieux que sa presence
Me comble tant de plaisirs
Que l'honneur de sa iouyssance
A surppassé tous mes desirs :
L'vniuers na point de merueilles,
Qui puissent contenter mes veilles,
Il faut qu'il cede au Createur
Comme l'ouurage à son autheur.

Depuis la Seyne iusqu'au Gange
Il fait luire sa Majesté,
Qui sans estre subiette au change
Dure autant que l'eternité :
Cette grandeur incomparable
Se monstre par tout adorable,
Et dessus les Cieux les plus clairs
On ne peut souffrir ses esclairs.

Ses beautez sans tasche & sans nombre
Ont tant d'eclat & d'ornement,
Qu'à peine l'on en voit vne ombre
Dans les astres du Firmament:
Deuant cette clarté premiere
Le Soleil n'a point de lumiere:
Et le plus beau iour qui nous luit
Ne semble qu'vne obscure nuict.

Son pouuoir n'a pas vn exemple
Parmy les plus grands des humains,
Tout l'vniuers n'est riē qu'vn temple
Qu'il s'est consacré de ses mains,
Est cette sagesse profonde
Dont il vse a regir le monde,
Est plus digne de me rauir
Que ie ne suis de la seruir.

Elle conduit nos destinées
Le Soleil ne suit que ses loix,
Elle dispose des années,
Au seul mandement de sa voix:
Mortels quittez vostre insolence,
Et l'adorant par le silence
Apprenez qu'il faut auoüer,
Qu'on ne la peut assez loüer.

LES
CONTENTEMENS
D'ARISTEE.

Oing des atteintes de l'Enuie,
Ie passe doucement la vie
Au courant de ces doux ruisseaux:
Et parmy les Lys & les Roses
A l'ombre de ces arbrisseaux,
Mon Ange m'aprend toutes choses.

Par tout ie me fais ouuerture,
Et mon esprit voit la peinture,
Et l'ordre de cet Uniuers:
Ie voy les Cieux la terre & l'onde,
Et comme des accords diuers
Font naistre & font mourir le monde.

H

J'apprends le cours & la cadance
De ces Astres dont la puissance
Fait le bon & le mauuais sort:
Mais la conduitte du genie,
Qui rend le sage le plus fort,
M'exempte de leur tyrannie.

Ie fais tout le rond de la terre
Sans crainte de l'eau qui l'enserre,
Et sans trouuer les flots amers,
I'aperçoy des vertus cachées
Dedans les abysmes des mers,
Que iamais homme n'a cherchées.

Apres ce grand & long voyage
Poußé d'vn genereux courage,
Ie m'esleue au dessus des Cieux:
La i'adore la beauté pure,
Qui domine sur tous les Dieux,
Et fait les lois de la nature.

Ces beautez pour qui l'on souspire
N'ont point vn eternel empire,
Leur esclat ne fait que passer:
Mais cette beauté sans pareille,
Que le temps ne peut effacer,
Est tousiours pleine de merueille.

Mon bonheur n'est il pas extresme?
Ie n'ay pour objet que Dieu mesme,
Le Soleil est plus bas que moy:
Sous mes pieds ie vois la fortune,
Et la suitte du plus grand Roy
Me semble vne foulle importune.

Heureux qui goute ces delices!
Exempt des douleurs & des vices
Qui suiuent les autres plaisirs:
Il iouyt des biens les plus rares,
Et satisfait de ses desirs
Il se rit des hommes auares

Dieu confacre en luy fon image,
Et fait que tout luy rend hommage
Iufques au plus bas êlement:
C'eſt pour luy que le iour efclaire,
Et les aſtres du Firmament
Ne furent faits que pour luy plaire.

SONNET
sur l'amour de Dieu.

 A pompe des grandeurs, si chere aux
  ames vaines
Esblouit les humains de ses fausses
  clartés;
Et i'ay regret de voir leurs desirs arrestés
A ces objets trompeurs indignes de nos peines.

Mes yeux n'imitent point les sources des fonteines
Pour amolir les cœurs de ces fieres beautés,
Qui font gloire de voir parmy leurs cruautés
Nos plaisirs incertains, & nos douleurs certaines.

Ie fuis tous les appas des voluptez du corps,
Je mesprise l'amour que l'on porte aux thresors
Dõt le soin importun fait que tousiours on tremble:

Qu'es-ce que l'vniuers ne feroit esperer?
Ie possede en Dieu seul toutes choses ensemble,
Et qui possede tout ne peut rien desirer.

SONNET
ſur ces parolles de l'Apoſtre.

Ie ſens vne Loy en mes membres qui reſiſte à la
Loy de mon eſprit.

Nſuportable Loy par les loys condãnée,
Tu retiens noſtre eſprit dans le corps at-
taché,
Et par les vains plaiſirs dont il eſt alleché
Tu le rends malheureux malgré ſa desſtinée.

Auſſi toſt que tes fers ont noſtre ame enchaiſnée,
Elle tombe auſſi toſt victime du peché:
Noſtre raiſon ſe plaint de ſon Sceptre arraché,
Et ſert a ton triomphe eſclaue infortunée.

Son eſclatant Palais deuient vne priſon,
Ou l'ombre de la nuict ne fait qu'vne ſaiſon,
De tout le temps qu'elle eſt a ton ioug aſſeruie:

Seigneur qui deſcendis aux tenebres des morts
Y portant la clarté d'vne meilleure vie
Si tu veus m'eſclairer faits les meſmes efforts.

SONNET

sur ce qu'au Printemps Iesus-Christ fut
couceu de la Bien heureuse Vierge.

Our faire place aux iours les nuicts sont
retirées,
Et les mortels rauis d'vn extreme plaisir,
Ne souhaittent plus rien que de voir
a loisir
De l'astre du matin les clartés desirées.

Les Cieux sont embellis, les terres sont parées,
Et de toutes les fleurs on ne sçait que choisir,
Tant il est malaisé de former vn desir
Ou des grandes beautez ne sont point separées.

On croit que c'est l'effect que produit le Soleil
Quand il se vient monstrer en son riche appareil,
Et fait naistre les fleurs dont il est dit le pere :

Mais c'est ceque tu faits ô Monarque eternel
A l'instant qu'a ton fils tu choisis vne mere
Et que tu veus sauuer le monde criminel.

SONNET
à saincte Catherine sur son martyre.

PRinceſſe à qui l'on doit éſleuer plus de
    Temples,
  Que Maxence ne creut en deuoir à ſes
    Dieux;
Miracle de la terre, & chefdœure des Cieux,
Qui fais de tes vertus nos plus rares exemples.

Fille de tant de Roys, alors que tu contemples
Du ſuperbe Orient les threſors pretieux;
Tant de pompe, & d'eclat qu'il fait luire à tes yeux
Sont ils à tes deſirs des obiets aſſes amples?

Non. Sans craindre le fer qui rougit de ton ſang,
Tu meſpriſes la terre, & tu veus tenir rang,
Sur vn Throſne qui luict de clartés eternelles.

Quelques foibles eſprits ont deploré ton ſort;
Mais ſi ie me cognois aux choſes les plus belles,
Tu ne pouuois mourir d'vne plus belle mort.

SONNET
Au Roy sur son premier voyage d'Italie.

APres auoir dompté l'orgueil de l'Angle-
terre,
Et mis à la raison des peuples furieux,
L'Eridan n'a point veu de Roy si glorieux,
Depuis que sur ses bords les hommes font la guerre.

Vos traits ont plus d'effect que les traits du ton-
nerre,
Et la peur qui les suit s'imprime en plus de lieux,
Lors que pour imiter le Monarque des Cieux
Vostre main faict iustice aux Princes de la terre.

Que si nous deuons croire aux Oracles diuers,
Un iour Vostre valeur doit dompter l'Uniuers,
Et du Ciel pour vous seul descendra la victoire:

Mais ce qui doibt manquer à de si puissants coups
C'est qu'vn mortel ne peut en publier la gloire,
Et que tout l'vniuers n'est pas digne de vous.

K

SONNET

A Monseigneur l'Eminentissime Cardinal Duc de Richelieu sur la prise de la Rochelle, & le bastiment de Sorbonē.

L'Hydre de l'Heresie à tes pieds renuersée
Malgré tous les demons de l'Empire du Nort.
Et le vaste Ocean soubmis à ton effort
Des plus fameux Heros ont la gloire effacée.

Par tes sages Conseils la Fortune est forcée
De calmer la tempeste, & nous conduire au port:
Tes yeux ont dißipé les ombres de la mort,
Dont nos Peres ont veu la France menacée.

Mais ô grand Cardinal, tous les exploits guer-
riers,
Qui couronnent ton front de superbes Lauriers,
Ne composeroient point une parfaitte Histoire.

Si les lieux ou l'on rend les Oracles de Dieu,
N'estoient edifiez des mains de Richelieu,
Et n'estoient deuenus les temples de ta Gloire.

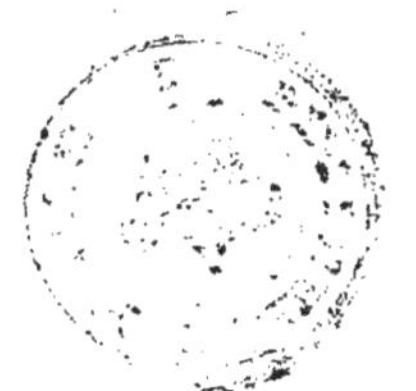

SONNET

A Monseigneur l'Eminentissime Cardinal Bichi sur sa Promotion.

Eluy qui tient le Septre en l'Empire du temps,
Qui des globes d'azur à les courses bor-
nées,
Et qui marque au Soleil sa route & ses iournées
Des fruicts d'vn bel Authône enrichit ton printemps.

Ce Monarque absolu rend tes desirs contents,
Recognoist tes vertus qui passent tes années,
Et souuerain Autheur des belles destinées,
Se plaist à te donner tout ce que tu pretends.

Nepueu digne d'vn Oncle aux astres comparable,
Qui parmi les Heros tiens vn rang venerable
Le grand Dieu te conduict, & te comble de biens:

Et des feux de sa pourpre esclairant ta ieunesse,
Que ne promet-il point d'honneur à ta vieillesse?
Luy qui sçait & qui peut recompenser les siens.

FIN.